|| जय माँ शेरा वाली ||

दुर्गा चालीसा

लेखक

डायमंड पॉकेट बुक्स

© प्रकाशकाधीन

प्रकाशक : डायमंड पॉकेट बुक्स (प्रा.) लि.

ओखला इंडस्ट्रियल एरिया, फेज-II, नई दिल्ली–110020

फोन : 011-40712200

ई-मेल : sales@dpb.in

वेबसाइट : www.dpb.in

संस्करण : 2022

दुर्गा चालीसा

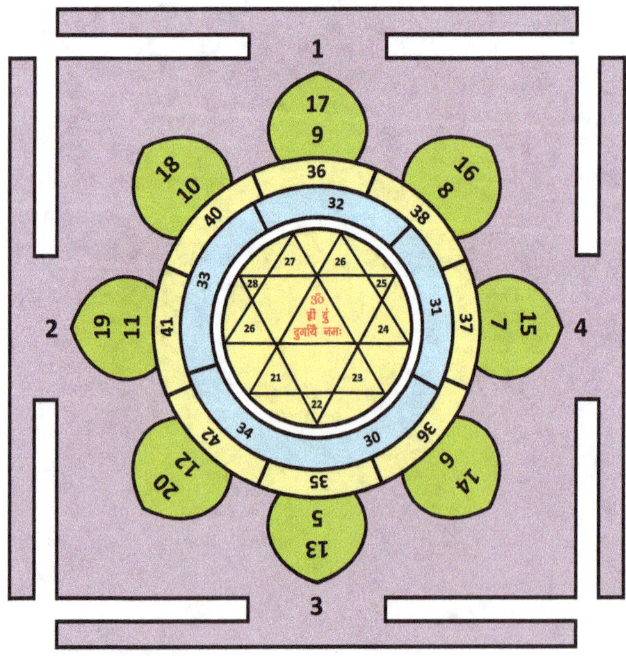

ॐ ह्रीं दुं दुर्गायै नमः

तांत्रिक पूजन विधि

सूर्योदय से पूर्व स्नान कर शुद्ध वस्त्र धारण करें; दुर्गाजी की मूर्ति अथवा चित्र तथा इस पुस्तक में अंकित यंत्र को ताम्र-पत्र पर खुदवाकर सामने रखें। रोली, कुंकुम, अक्षत, लाल पुष्प (गुलाब), धूप-दीप आदि से पूजन करें तथा यथाशक्ति हलुआ, चना या कच्चे दूध और खोए की मिठाई का भोग लगाएं। पुष्प हाथ में लेकर नीचे लिखा श्लोक पढ़ें-

ॐ सर्वमंगल मांगल्ये शिवे सर्वार्थ साधिके।
शरण्ये त्र्यंबके गौरी नारायणि नमोऽस्तुते।।

इसके बाद पुष्प अर्पण कर चालीसा का पाठ करें। पाठ के अंत में ॐ ह्रीं दुं दुर्गायै नमः मंत्र का १०८ बार रुद्राक्ष की माला से जप करें।

नमो नमो दुर्गे सुख करनी।
नमो नमो अंबे दुःख हरनी॥

सुखों को प्रदान करने वाली मां दुर्गा आपको नमन है। दुखों का हरण करने वाली हे मां अंबे आपको नमन।

आपकी ज्योति का प्रकाश असीम है जिसका तीनों लोकों में प्रकाश फैल रहा है।

आपके मस्तक पर चंद्रमा है और आपका मुख बहुत विशाल है। हे मां दुर्गा आपकी आंखें लाल व भृकुटि विकराल है।

हे मां आपका रूप बहुत ही सुहावना अर्थात बहुत सुंदर है जिसके दर्शन करने से सुख की प्राप्ति होती है।

हे मां आपने ही इस संसार में शक्ति का संचार किया, इस संसार के पालन-पोषण के लिए अन्न धन सब आपका दिया हुआ है।

जग पालन होने के कारण आपको अन्नपूर्णा भी कहते हैं।
आप ही जगत को पैदा करने वाली आदि सुंदरी बाला
अर्थात जगत जननी हो।

प्रलयकाल में सब कुछ आप ही नष्ट करती हैं। हे मां आप ही तो भगवान शिव शंकर की प्यारी गौरी माता पार्वती हैं।

शिव योगी तुम्हरे गुण गावें।
ब्रह्मा विष्णु तुम्हें नित ध्यावें।।

भगवान शिव के साथ-साथ सभी योगी आपका गुणगान करते हैं। ब्रह्मा, विष्णु तक आपका नित ध्यान करते हैं।

हे मां आपने ही देवी सरस्वती का रूप धारण कर ऋषि-मुनियों को सद्बुद्धि देकर उनका उद्धार किया।

धरयो रूप नरसिंह को अम्बा।
परगट भई फाड़कर खम्बा।।

आपने ही अंबा का रूप धारण किया और खम्बे को फाड़-
कर प्रकट हुई।

आपने भक्त प्रहलाद की रक्षा की तथा हिरण्यकशिपु को
अपने हाथों से मारकर स्वर्ग प्रदान किया।

आपने ही इस संसार में लक्ष्मी का रुप धारण किया व भगवान श्री नारायण अर्थात विष्णु की पत्नी बनी।

आप क्षीरसागर अर्थात दुध के सागर में निवास करती हैं।
आप दया की सागर हैं, मेरी आशाओं को भी पूर्ण करें
मां।

हिंगलाज में तुम्हीं भवानी।
महिमा अमित न जात बखानी।।

हे मां आप ही हिंगलाज में भवानी हैं। आपकी महिमा तो अनंत है, उसका बखान नहीं किया जा सकता।

मातंगी अरु धूमावति माता।
भुवनेश्वरी बगला सुख दाता॥

मातंगी, धूमावती, भुवनेश्वरी, बगला माता आप ही हैं, जो सुखों को प्रदान करती हैं।

श्री भैरव तारा जग तारिणी।
छिन्न भाल भव दुःख निवारिणी॥

आप ही श्री भैरवी हैं व आप ही जग का तारण करने वाली मां तारा हैं, आप ही दुखों का निवारण करने वाली माता छिन्नमस्ता हैं।

हे मां भवानी आप शेर की सवारी करती हैं लांगुर वीर यानी भगवान श्री बजरंग बलि हनुमान आपकी अगवानी करते हुए चलते हैं।

कर में खप्पर खड्ग विराजै।
जाको देख काल डर भाजै।।

आपके हाथों में खप्पर (खोपड़ी) व तलवार रहते हैं जिन्हें
देखकर काल (यमराज अर्थात मृत्यु) भी डर कर भाग
जाता है।

आपके पास हथियार हैं, त्रिशूल हैं जिन्हें देखकर शत्रू भय से कांपने लगते हैं।

नगरकोट में तुम्हीं विराजत।
तिहुँलोक में डंका बाजत॥

हे मां नगरकोट में आप ही विराजमान हैं व तीनों लोकों में आपका डंका बजता है।

श्रुम्भ और निशुम्भ दानव तुम मारे।
रक्तबीज शंखन संहारे।।

शुम्भ और निशुम्भ दानवों का अंत आपने ही किया, आपने ही अनगिनत रक्तबीजों का संहार किया।

महिषासुर नृप अति अभिमानी।
जेहि अघ भार मही अकुलानी।।

महिषासुर नामक असुर बहुत ही अभिमानी था जिसके पाप
से धरती पर बहुत बोझ बढ़ गया था।

रूप कराल कालिका धारा।
सेन सहित तुम तिहि संहारा॥

आपने ही काली का विकराल रुप धारण कर महिषासुर व उसकी सेना का संहार किया।

परी गाढ़ सन्तन पर जब जब।
भई सहाय मातु तुम तब तब।।

हे मां जब भी सन्तन अर्थात सत्य का साथ देने वाले सज्जनों पर कोई संकट आया है आप ही तब तब सहायक बनी हैं।

अमरपुरी के साथ-साथ अन्य लोक भी आपकी महिमा से शोक रहित रहते हैं।

हे मां ज्वाला जी पर ज्योति के रुप में आप ही हैं, नर-नारी सदा आपकी पूजा करते हैं।

प्रेम भक्ति से जो यश गावें।
दुःख दारिद्र निकट नहिं आवें।।

प्रेम व भक्ति के साथ जो भी आपके यश का गुणगान करता है, दुख व दरिद्रता उसके निकट नहीं आती।

जो भी सच्चे मन से आपका ध्यान लगाता है, उसके जन्म-मृत्यु के बंधन छूट जाते हैं, अर्थात वह मोक्ष को प्राप्त करता है।

योगियों, साधुओं, देवताओं और मुनिजनों का कथन है कि आपकी शक्ति के बिना योग भी संभव नहीं।

शंकर आचारज तप कीनो।
काम अरु क्रोध जीति सब लीनो।।

आदि गुरु शंकराचार्य ने भारी तप किया और काम क्रोध पर जीत हासिल की।

उन्होंने दिन-रात केवल भगवान शंकर का ध्यान किया और किसी भी क्षण आपका स्मरण नहीं किया।

उन्होंने शक्ति रूप यानी आपके महत्व को नहीं समझा लेकिन जब उनके पास से शक्ति चली गई तब वे बहुत पछताये।

आपकी शरण में आकर उन्होंने आपकी कीर्ति गाई और जगदंबा भवानी की जय का उच्चारण किया –

भई प्रसन्न आदि जगदम्बा।
दई शक्ति नहिं कीन विलम्बा॥

हे माता! हे आदि जगदंबा जी! तब आपने प्रसन्न होकर उनकी शक्ति लौटने में विलंब नहीं किया।

मोको मातु कष्ट अति घेरो।
तुम बिन कौन हरै दुःख मेरो॥

हे मां मुझे भी अनेक कष्टों ने घेर रखा है, आपके बिना मेरे कष्टों का हरण और कौन कर सकता है।

आशा तृष्णा मुझे सताती हैं, मोह, अंहकार भी मुझे तंग करते हैं, मुझे भ्रमित करते हैं।

हे मां भवानी आप काम, क्रोध, लोभ, मोह, अहंकार रुपी मेरे इन शत्रुओं का नाश करें जिससे मैं एकाग्र होकर पूरे मन से आपका ध्यान लगा सकूं।

हे दयालु मां मुझ पर दया कर ऋद्धि-सिद्धि देकर मेरा कल्याण करें।

हे मां मुझे वरदान दे कि मैं जब तक जीवित रहूं, आपकी दया मुझ पर बनी रहे व मैं आपकी कीर्ति को, आपके यश को सदा सुनाता रहूं।

जो कोई भी दुर्गा चालीसा को हर रोज गाता है वह सब सुखों को भोग कर मोक्ष प्राप्त करता है।

देवीदास शरण निज जानी।
करहु कृपा जगदम्ब भवानी।।

हे जगदंबे भवानी मां देवीदास को अपनी शरण में जानकर अपनी कृपा करती रहना।

जय अम्बे गौरी, मैया जय श्यामा गौरी।

तुमको निशदिन ध्यावत, हरि ब्रह्मा शिवरी॥

मांग सिंदूर बिराजत, टीको मृगमद को।

उज्ज्वल से दोउ नैना, चंद्रबदन नीको॥

कनक समान कलेवर, रक्ताम्बर राजै।

रक्तपुष्प गल माला, कंठन पर साजै॥

केहरि वाहन राजत, खड्ग खप्परधारी।

सुर-नर मुनिजन सेवत, तिनके दुःखहारी॥

कानन कुण्डल शोभित, नासाग्रे मोती।

कोटिक चंद्र दिवाकर, राजत समज्योति॥

शुम्भ निशुम्भ बिडारे, महिषासुर घाती।

धूम्र विलोचन नैना, निशिदिन मदमाती॥

चण्ड-मुण्ड संहारे, शोणित बीज हरे।

मधु कैटभ दोउ मारे, सुर भयहीन करे॥

ब्रह्माणी, रुद्राणी, तुम कमला रानी।
आगम निगम बखानी, तुम शिव पटरानी॥

चौंसठ योगिनि मंगल गावैं, नृत्य करत भैरू।
बाजत ताल मृदंगा, अरू बाजत डमरू॥

तुम ही जग की माता, तुम ही हो भरता।
भक्तन की दुःख हरता, सुख सम्पत्ति करता॥

भुजा चार अति शोभित, खड्ग खप्परधारी।
मनवांछित फल पावत, सेवत नर नारी॥

कंचन थाल विराजत, अगर कपूर बाती।
श्री मालकेतु में राजत, कोटि रतन ज्योति॥

अम्बेजी की आरती जो कोई नर गावै।
कहत शिवानंद स्वामी, सुख-सम्पत्ति पावै॥

www.ingramcontent.com/pod-product-compliance
Lightning Source LLC
LaVergne TN
LVHW020610200726

843509LV00001B/46